Hansel y Gretel en el Profundo Bosque Virtual

Cuentos de Ciberseguridad para Aprender y Colorear

Sandra Estok

Adaptación de la historia por Elisha Fernández y Sandra Estok

Ilustraciones creadas por Elisha Fernández

Traducido por Elisha Fernández

Diseño de portada de SocialClose Media Agency con ilustración por Elisha Fernández

Publicado por thePositiveMOM.com

Para mis hermanos Edward y Camilo.
¡Los Amo!

Érase una vez, había una familia con una madre, un padre y sus dos hijos gemelos, Hansel y Gretel.

Los padres siempre estaban muy ocupados con sus empleos de tiempo completo y regularmente pasaban tiempo adicional en la oficina.

No podían pasar tanto tiempo con sus hijos como les hubiera gustado. Se iban por la mañana antes de que Hansel y Gretel se despertaran, y regresaban a casa tarde en la noche.

Hansel y Gretel eran lo más unidos que podían ser un hermano y una hermana de 13 años. Confiaban el uno en el otro, especialmente porque sus padres no estaban en casa la mayor parte del tiempo.

En la mañana, se despertaban solos, y luego Hansel preparaba el almuerzo para los dos y, después de prepararse y comer el desayuno, caminaban juntos hasta la parada del autobús para ir a la escuela.

Cuando llegaban a casa, Hansel y Gretel hacían la tarea y los quehaceres domésticos, y jugaban con juguetes y en "el bosque virtual" antes de irse a la cama.

Los padres de Hansel y Gretel les habían enseñado a ser expertos en ciberseguridad y usaban con naturalidad sus computadoras y teléfonos.

Sin embargo, a pesar de que Hansel y Gretel eran niños inteligentes, sus padres se preocupaban que los niños estuvieran solos todo el día, especialmente porque habían escuchado rumores de que los niños se perdían en el peligroso y profundo “bosque virtual.”

“Tenemos que trabajar para hacer el pago de la casa y los servicios, comprar alimentos, y asegurarnos de que nuestros hijos tengan una buena educación. ¿Cómo podemos saber si nuestros hijos pasan su tiempo en el Bosque Profundo Virtual? ¿Cómo podemos mantenerlos a salvo aun no estando en casa? “ dijo la madre al padre.

El padre sugirió instalar ciber herramientas para padres en su red doméstica de las que había oído hablar. De esa manera, podrían limitar dónde jugarían Hansel y Gretel y cuánto tiempo y así reducir los posibles riesgos. Los padres decidieron investigar juntos.

Un domingo en la tarde, el único día que los padres de Hansel y Gretel tenían un breve descanso del trabajo, comenzaron a buscar ciber herramientas de monitoreo en línea para padres .

Encontraron algunas que sonaban útiles y estaban leyendo diferentes beneficios y características en voz alta. Hansel escuchó a sus padres hablar sobre las herramientas de "control" y, alarmado, se lo contó inmediatamente a Gretel.

¡Hansel y Gretel ya eran expertos en la tecnología! Navegaban por el Bosque Profundo Virtual con frecuencia, y aunque nunca habían estado en la parte más profunda del bosque, habían escuchado historias horribles: niños perdidos, familias que habían perdido sus casas, su dinero y hasta sus propios nombres habían sido robados.

Estas historias asustaron a Hansel y Gretel; quienes, al igual que su mamá y su papá, querían que su familia estuviera siempre segura y unida.

Pero los niños no querían dejar de ir al bosque virtual. ¡Era tan grande y hermoso! Algunas de las áreas estaban rodeadas de flores y hermosos árboles, y cuando buscabas algo que deseabas o necesitabas, casi siempre podías encontrarlo fácilmente.

A Hansel y a Gretel no les gustó la idea de estas herramientas de control, entonces el Lunes decidieron ir al Bosque Profundo Virtual una vez más para jugar y navegar.

Se conectaron juntos a la computadora y entraron en una de sus salas de chateo favoritas. Tan pronto cuando iniciaron su sesión, recibieron un mensaje de alguien que no conocían.

"¡Haz clic en este enlace ahora!" insistió el misterioso remitente.

Entonces Hansel y Gretel comenzaron a recibir correos electrónicos, mensajes de texto y múltiples invitaciones en su Fairybook (un popular sitio de redes sociales), sobre un juego MÁGICO en el profundo bosque virtual.

Todo lo que tenían que hacer era hacer clic en el enlace para ser transportados instantáneamente a un área dulce, llena de colores, juegos divertidos y premios geniales.

fairybook
¡Tienes siete nuevas invitaciones!
7

Se decía que era un lugar donde los niños podían jugar y hacer lo que quisieran, y en este lugar increíble "¡todos sus deseos se harían realidad!"

Hasta ahora Hansel y Gretel habían esperado entrar al bosque virtual, porque sus padres les decían que tuvieran cuidado cuando algo parecía demasiado bueno, pues tal vez no era verdad.

Sin embargo, el último mensaje decía claramente que esta sería su ÚLTIMA oportunidad de llegar a este maravilloso lugar en el Bosque Profundo Virtual. ¡Fue difícil resistir!

Poco sabían Hansel y Gretel que detrás de ese enlace para acceder al juego mágico vivían los malvados Cibermonstruos.

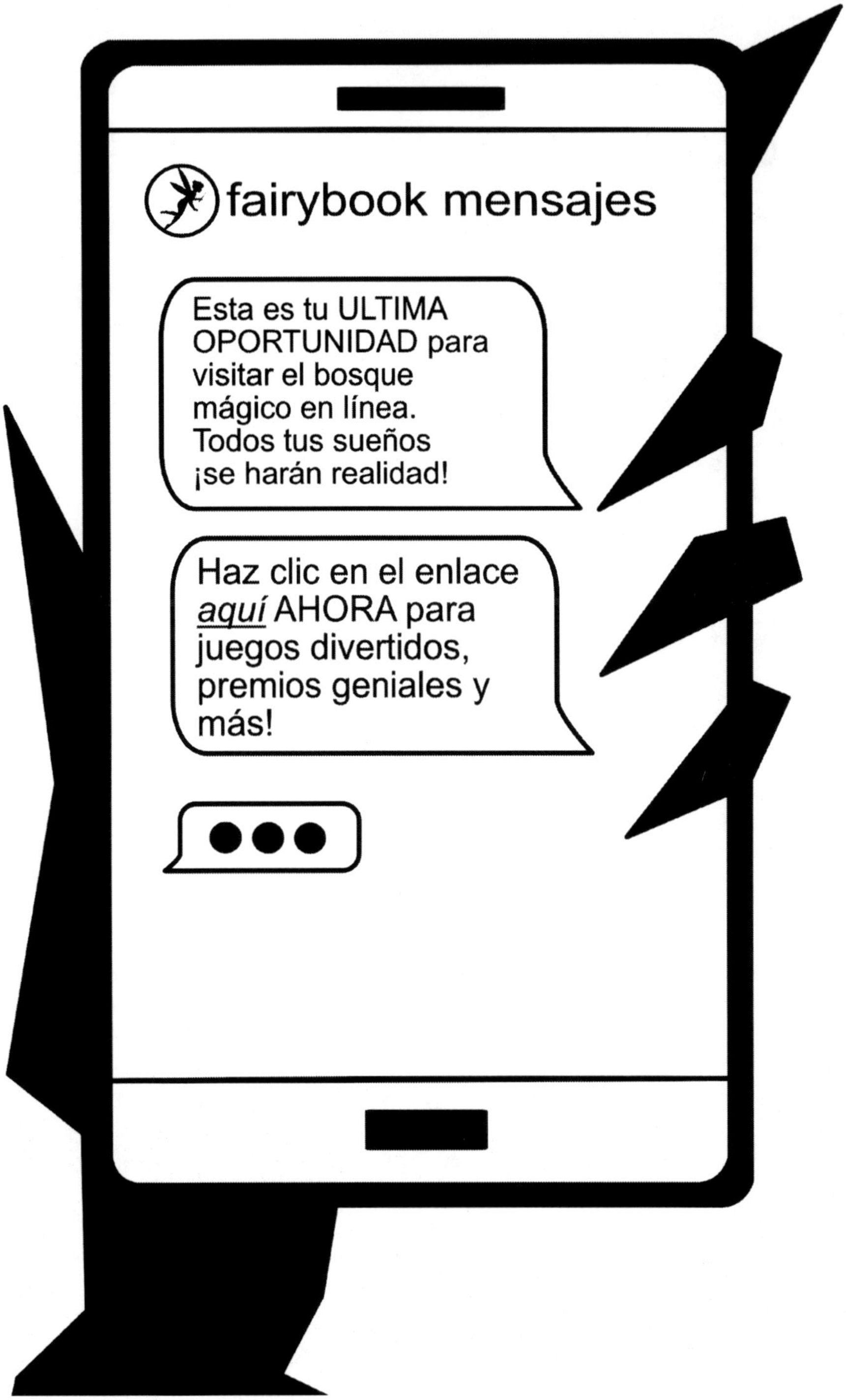
fairybook mensajes
Esta es tu ULTIMA OPORTUNIDAD para visitar el bosque mágico en línea. Todos tus sueños ¡se harán realidad!
Haz clic en el enlace *aquí* AHORA para juegos divertidos, premios geniales y más!

Una vez que niños ingresan al territorio de Cibermonstruos haciendo clic en el enlace, toda su información, imágenes, contactos de amigos y cualquier otra cosa que tengan en su dispositivo se embruja y su tecnología ya no se puede usar - y no se puede romper el hechizo a menos que su familia pague un precio muy alto.

Justo antes de que Hansel y Gretel decidieron hacer clic en el enlace, sucedió algo sorprendente. ¡Sus padres llamaron desde el trabajo para ver cómo estaban!

Hansel y Gretel decidieron contarles a sus padres que habían estado a punto de hacer clic en el enlace para acceder al Bosque Profundo Virtual.

Los jovencitos confesaron que la idea de tener controles parentales les hacía sentir que ya no podían divertirse en el Bosque Profundo Virtual.

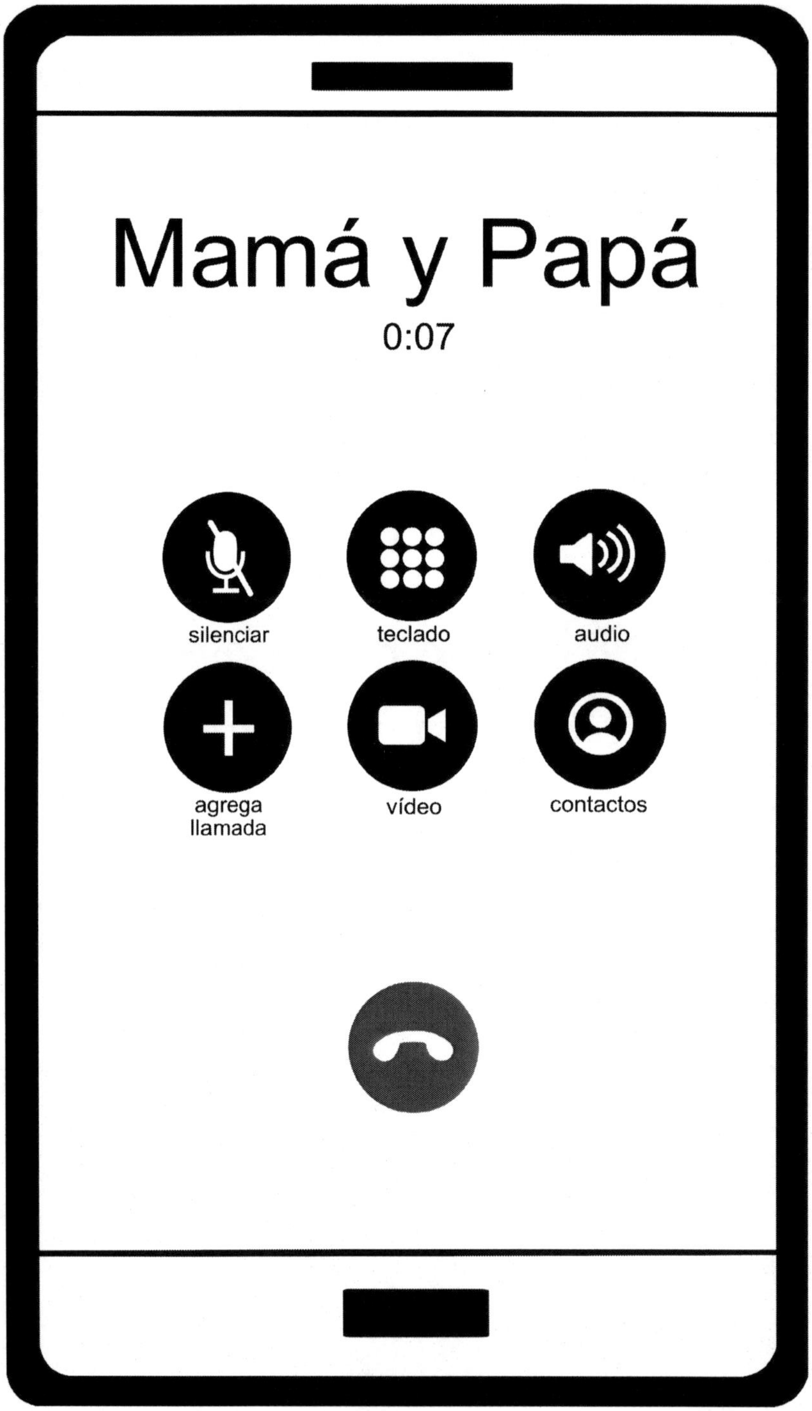
Mamá y Papá
0:07
silenciar
teclado
audio
agrega llamada
vídeo
contactos

Cuando los padres llegaron a casa, decidieron disfrutar una noche especial, hablando de ciberseguridad. Los padres abrazaron a Hansel y a Gretel y les agradecieron por su honestidad y por no hacer clic en el enlace.

Su mamá dijo:

"Te aseguro que tu papá y yo hemos investigado mucho sobre las herramientas de monitoreo para padres."

"Sí, y aunque estas herramientas mantienen alejados los lugares malos y peligrosos, aún pueden acceder a todas las otras actividades divertidas que disfrutan en el Bosque Profundo Virtual," explicó el padre.

Hansel y Gretel entendieron que las herramientas los protegerían y que aún tenían la responsabilidad de permanecer vigilantes. Hacer clic en el enlace de cualquier Cibermonstruo podría ser devastador para la seguridad de su familia.

Los padres de Hansel y Gretel podían hacer todo lo posible para protegerlos, pero no iban a intervenir o tomar todas las decisiones cibernéticas por sus hijos.

Les dijeron a los niños cuánto confiaban en ellos para tomar decisiones inteligentes cibernéticas en el Bosque Profundo Virtual.

Hansel y Gretel saltaron de arriba para abajo, llenos de alegría porque aún podían disfrutar de lo que amaban del Bosque Profundo Virtual.

Ciber Felices PARA SIEMPRE

Hansel y Gretel prometieron nunca hacer clic en un enlace lleno de promesas, abrir archivos adjuntos, o aceptar solicitudes de amistad, especialmente si provienen de un extraño. También prometieron compartir sus experiencias y preguntas cibernéticas durante el tiempo familiar.

¡Y todos vivieron Ciber Felices Para Siempre!

Made in United States
North Haven, CT
25 May 2024

52918161R10017